PEREGRINARY

T0266078

Peregrinary

EUGENIUSZ TKACZYSZYN-DYCKI

TRANSLATED FROM THE POLISH BY
Bill Johnston

ZEPHYR PRESS
BROOKLINE, MA

Front cover photograph by Katarzyna Rydel-Johnston
Author photograph by Krzysztof Pijarski
typeslowly designed
Printed in Michigan by Cushing-Malloy, Inc.

Zephyr Press acknowledges with gratitude the financial support of the
Massachusetts Cultural Council, the National Endowment for the Arts, and
The Witter Bynner Foundation for Poetry.

masscultural council.org

NATIONAL
ENDOWMENT
FOR THE ARTS
A great nation
deserves great art.

Zephyr Press, a non-profit arts and education 501(c)(3) organization, publishes
literary titles that foster a deeper understanding of cultures and languages.
Zephyr books are distributed to the trade in the U.S. and Canada by Consortium
Book Sales and Distribution [www.cbsd.com] and by Small Press Distribution
[www.spdbooks.org].

Library of Congress Cataloging-in-Publication Data

Tkaczyszyn-Dycki, Eugeniusz, 1962-
[Poems. English & Polish. Selections]
Peregrinary / Eugeniusz Tkaczyszyn-Dycki ; translated from Polish by Bill
Johnston. -- 1st ed.
      p. cm.
Polish originals and English translations.
ISBN 978-0-939010-97-4 (alk. paper)
 1. Tkaczyszyn-Dycki, Eugeniusz, 1962---Translations into English. I.
Johnston, Bill, 1960- II. Title.
 PG7179.K33A2 2008
 891.8'518--dc22

                             2008031710

98765432 first printing in 2008

ZEPHYR PRESS / 50 Kenwood Street / Brookline, MA 02446
www.zephyrpress.org

ACKNOWLEDGMENTS

I am grateful to the editors of the following journals, in which some of these translations, sometimes in earlier versions, first appeared:

"XLVII. Calling" and "XLVIII. Seducer" in *Lyric Review*.

"XVI. Carriers on the Steps of the Cathedral" in *Seneca Review*.

"I. [my friend is sick]," "IV. [before I discovered your death in the room]," "V. [the women I spent nights with did not hide the fact]," "VIII. [schizophrenia is a house]," and "XV. Song for Funia Bełska" in *Modern Poetry in Translation*.

"XLV. [if I only possessed a sunlit room]" and "XLVI. [it's autumn Lord and I have no home but for]" in *Words Without Borders*.

Table of Contents

from FOODSTONE (KAMIEŃ PEŁEN POKARMU) *1999*

from GUIDE FOR THE HOMELESS WHATEVER THEIR PLACE OF RESIDENCE (PRZEWODNIK DLA BEZDOMNYCH NIEZALEŻNIE OD MIEJSCA ZAMIESZKANIA) *2000*

from **FAR FROM HERE I LEFT MY ANCIENT AND UNANCIENT BODY (DALEKO STĄD ZOSTAWIŁEM SWOJE DAWNE I NIEDAWNE CIAŁO)** *2003*

INTRODUCTION

1. *I do not know how to write good poems*
    accept then the ones that fall into
    decline the moment you start to read
                      (XII. Ad Benevolum Lectorem)

Eugeniusz Tkaczyszyn-Dycki is an unusual poet in both the context of his native Poland and that of world literature. Though his poems contain numerous literary and cultural references, he is not an "esthetic" poet like, say, Zbigniew Herbert or Adam Zagajewski. Though Dycki's[1] poems are intensely personal, they are not so in the obvious sense that one finds in the poetry of Czesław Miłosz or Wisława Szymborska. And though Dycki's writing is firmly rooted in historical context, this dimension too is recast in a way not found in other Polish poets either of his own or preceding generations.

Yet it is clearly insufficient to describe a poet by what he is not. What *is* Dycki, or more precisely, what is his poetry and how can it be read? A starting point, though an inadequate one, lies in the poet's biography. Eugeniusz Tkaczyszyn-Dycki was born in 1962 in the village of Wólka Krowicka near Lubaczów, a small town in remote southeastern Poland, very close to the Ukrainian border. The region on both sides of the border has historically been inhabited by a mixture of Polish and Ukrainian speakers, and this was the case with Dycki's environment and indeed his own family. From an early age he

---

[1] It's worth noting that "Eugeniusz Tkaczyszyn-Dycki" is quite a mouthful to pronounce even for Poles, and in talking about him they often shorten the name to "Dycki" [pronounced *Dits*-kee] for convenience; I'll do the same here.

found himself torn between Polish and Ukrainian culture, between the Catholic and Uniate churches, and between languages. Indeed, until he went to secondary school he did not even speak standard Polish but a local dialect. His shift to the Polish "side" brought about a split in his family that echoes in many of his poems. Dycki subsequently studied Polish literature at the Marie Skłodowska-Curie University in Lublin. He presently resides in Warsaw, though he remains to a significant degree an outsider in the city environment. At the time of writing he has published nine books of poetry, all of which are represented in the present volume. Tkaczyszyn-Dycki has won numerous awards both in Poland and in other European countries, and he is widely regarded as one of the three or four most important poets of his generation in Poland.

2. *I write the poem again from the beginning
    and am unable to finish*
                    (II)

One of the most extraordinary qualities of Dycki's poetry is its remarkable stylistic and thematic consistency from his first book of poems, *Nenia*, to the most recent one, *The History of Polish Families*. Throughout his poetic career Dycki has stayed true to a particular form—short unrhymed lyrics that often have the look of warped or spoiled sonnets. More importantly, in both subject matter and diction his voice has retained a notable uniformity. This is not to suggest monotony—far from it, there is a vast range of formal and substantive elements. Yet at one level, Dycki gives the impression of continually circling around the same subjects and problems, attempting to put them into some definitive form yet finding he needs to try again. When he says in Poem XII,

"I do not know how to write good poems," at one level surely he is being playful or knowingly self-deprecating, but at the same time he means what he says—that something keeps drawing him back to his subject matter and his literary palette. A symptom of this urge is the fact that in all of Dycki's books the poems are numbered with Roman numerals, and he renumbers them when they appear in different arrangements, for example in volumes of selected poems. I have followed the same practice in the present book, numbering in sequence the poems selected from all nine of Dycki's books. (It is also worth noting that the selection was made in consultation with the author and with his approval.) Overall one has the impression that, while writing many poems, Dycki is simultaneously engaged in writing one single vast work in which all the parts are interrelated.

3. *I'll tell you about death in my imperfect tongue*
     (XXXV)

Death, dying, and the dead are ever present in Dycki's poetry. In this collection they can be found from the first poem to the last. Grzegorz Jankowicz has called Dycki's writings a "phenomenology of death." Yet this is not a juvenile interest in death as a cheap means to shock. Rather, as Jankowicz suggests, Dycki is interested in exploring the "boundaries of the soul," and death appears as one such putative boundary, perhaps the most important of all. Death is present in these poems in manifold forms, most of them deeply personal. There are briefly glimpsed funerals, primarily of those who died young, like "eighteen-year old Bojarska" in poem XXI "Heat Wave" and the unnamed "body in its little casket" in poem VI. There is death as a character who can appear at market (XXX "Beginning of the Week") or from whom one can get a phone number (XL "Inaction"). There are the dead themselves, who are just as present in these poems as the living, to the extent of having need of a handkerchief (XXXVIII). And finally there are the dying, primarily the poet's mother who lies dying "in the next-door room" (XXIX "Tumor Linguae"), though in poem LIX Dycki makes it clear that the dying is both "mine and hers." In all these manifestations, death seems not an experience or a rite but a player, a participant in the action.

A corollary of death and dying is sickness, which forms a constant ground bass to the other themes of the poetry. Like death, in this collection it is present from the first poem ("my friend is sick", I) to the last. In some cases the sickness is physical, as in poem XVI "Carriers on the Steps of the Cathedral": "the lepers have given their bodies | to the most beautiful among us". In others it is mental, notably schizophrenia, the "house | of God" from poem VIII and the "black-feathered bird" of poem LI "Charity." In both cases, young and old are equally prey to disease, and a sense of decay and entropy is omnipresent in Dycki's poetry.

4.   *I too was fleeing from myself toward the border*
                        (XXXI)

Dycki the poet is often found "fleeing from himself" in numerous senses. Two are worth mentioning here. First, as described above, Dycki finds himself torn between East and West. In poem XXXIII "Wellspring," he describes how in this fraught encounter there are "monsters on both sides of the mirror," and admits that in choosing his poetic language he has taken a non-neutral stance: "I've not been | without fault since I started

[xvi]

writing in Polish." All of Dycki's poetry needs to be read in the light of his aligning himself with the Polish language and literary tradition, yet remaining aware of the constant presence of his own internal Ukrainian Other.

Another crucial aspect of Dycki's poetry in which he occupies an uneasy, marginal, and ambiguous position is that of sexuality. The sexual encounters described in the first person of the poet's voice are with both men and women; though refracted through the poet's prism, there is a powerful erotic element in many poems that refuses to classify itself sexually, like the unnamed male newcomer in poem XXIV "Caress," whose:

> . . . lips will suddenly part
> and stir within me the hungry stone with which
> I embark on caresses whenever I am with you

At the same time, as Jakub Pacześniak and others have noted, the erotic in Dycki's poetry is rarely far from decay and disease. One is struck by the number of times erotic images are deliberately and immediately undercut by brusque reminders of the body's infirmity. In poem XV "Song for Funia Bełska" we read:

> . . . sin
> flowed out of me like pus through my
> mouth when I stood for a kiss

Elsewhere, the mouth, one of the principal erogenous zones and often associated in the poems with kisses, is also frequently found to contain a serpent (XXVI), ashes (XXXVI), or rags (XLI). Such imagery is surely more than a reminder of our mortality; rather, it bespeaks a profound ambivalence toward bodily pleasure that, it would seem, stems from a moral judgment. This is one of the most intensely personal aspects of Dycki's poetry, and one in which he seems to be struggling to reconcile sharply opposing elements of his own psyche.

5. *it's autumn Lord and I have no home*
          (XXXIII. Wellspring)

A recurrent theme in Dycki's poetry, and one from which the title of the present collection is drawn, is that of wandering and the lack of a home. This condition is, of course, both real and metaphorical. Dycki lives rather far from the region where he grew up, and does not seem to feel at home in Warsaw. Yet this is also the frequent fate of the writer and intellectual, who is destined, in Adorno's telling phrase, "never to feel at home in one's home." Glimpses of journeys are caught in numerous poems, notably XXXI and XXXII. In the former we read:

> then train stations of another city on the outskirts chimneys
> of a power plant and in the day apartment windows closed
> to what we had already left in gateways in parks
> stations stations like the beds of great rivers

The language of the poem is that of a journey one is forced to take, and in this it recalls the poems of Tomasz Różycki. Yet with Dycki, one has the sense that these journeys are inward much more than outward. In poem XXXII his fellow travelers on the train to Przemyśl (the largest town in his native region) are "the past and the future two women | together without assigned seats," a turn of phrase that raises the poem to a distinctly metaphorical level.

Above all, though, it is Dycki's poems themselves that constitute his journey. Hence the title *Peregrinary* or "Peregrynarz"—the Polish term was invented by the author to designate the itinerary of a pilgrimage, and it serves as the title of one of his collections. For Dycki each poem is a stop on this itinerary, which takes in all the places and incidents of his past. This is another reason why Dycki's poetry seems an unusually coherent body of work—each poem is linked to the others by the elements of his peregrinary. What this means, in turn, is that poetry is the home he cannot find elsewhere. As he puts it succinctly in poem LVII:

> I do not know when I last made
> confession renouncing everything
> and choosing poetry as a place on earth
> a God-given place on earth

> 6. *I use language with difficulty (I am*
> *a contemporary poet)*
> *(XLVII. Calling)*

The preceding is an attempt to describe what Dycki's poetry is about. Yet for many readers both in Polish and in English, what is most immediately striking about his poems is not their subject matter so much as their voice. Poetry exists only through language; in fact it is, as Pound famously put it, "language charged with meaning to the utmost possible degree." Dycki achieves such intensity throughout his oeuvre. His poems are compressed to an extraordinary level—it is enough to look at the page to see the miniature format he uses almost exclusively. Yet within the tiny space of each poem, Dycki utilizes an exceptionally broad range of registers, vocabularies, and voices. He is known for his attachment to the Baroque tradition in Polish literature, and that is present in many poems, for instance in the slightly theatrical emotional intensity of the diction. Along with this, religious language is frequently prominent: "Lord I exclaimed behold I am | ready to cher-ish things | intimate and boundless" (VIII). Yet he also unexpectedly incorporates vernacular speech ("'beat it, | Dycki'," XLV). Lastly, in Bakhtinian style, the words of others inhabit his poems, often in the form of direct speech, as in the preceding example and in many other places. As with his juxtaposition of religious exaltation and bodily decay, so linguistically too Dycki aligns disparate and clashing elements in an often shocking fashion.

Yet despite these deliberately jerky transitions between styles and voices, one is struck by the sheer flow of the language. Dycki uses enjambment and line breaks to modulate the rhythms of his verse, allowing the multiple languages he draws on to glide into one another. Thus, despite the heterogeneity of register and lexis, each poem seems an organic whole in terms of both its diction and its syntax, and the poetic journey of the poem is completed in a seemingly effortless manner:

we crossed cities in our vast indifference to
vertiginous bridges and triumphal arches where
we were not needed in the night we opened
our veins like stars that no one has toppled into the garden
(XXII)

Ultimately, one is attracted to a poet by those unique, magical juxtapositions of words that astonish and touch, often beyond the borders of immediate comprehension. It was the frequency of such moments in the poetry of Eugeniusz Tkaczyszyn-Dycki that first led me to translate his work, and they remain both the greatest challenge for the translator and the greatest joy during the work of translation. The Scottish poet Ivor Cutler said of his own creative process that he would take a word and rub other words against it until two of them caught fire. For me, Dycki's language ignites in this way more often and more startlingly than any other poet of his generation. I am in absolute awe of lines like: "schizophrenia is a house | of God" (VIII); "my bones are unfastened from his bones | that cling to a violent rain" (IX); "a vast body overgrown with terrified flesh | that choking on itself goes directly to heaven" (X); "dignified | maidens weeping over the unmarried dark | water" (XI "Evening Song"). These are lines that deserve to be relished and marveled at rather than merely analyzed. I can only hope that some of this sense of marvel is conveyed in the English.

Bill Johnston
Bloomington, Indiana
October 2007

from NENIA AND OTHER POEMS

NENIA I INNE WIERSZE

[1990]

I.

mój przyjaciel jest chory
i otoczył się jak niemowlę bólem rodzenia
jego ciało w którym jest nadzieja na moje ciało
jest już w drodze jak kwitnąca gałązka jabłoni

daje o sobie znać i jak gałąź owocująca nic nie znaczy
mój przyjaciel jest chory i drży ciało jego
mój przyjaciel jest umierający i niosę mu zmęczenie
sen nie odparty żadnym tchnieniem

I.

my friend is sick
and has wrapped himself like an infant in the pain of birth
his body in which there is hope for my body
is now on the way like an apple branch in blossom

he gives a sign and like a fructifying branch means nothing
my friend is ill and his body trembles
my friend is dying and I bring him exhaustion
a sleep unrefuted by any breath

II.

moja siostra Wanda przynosi ze spaceru lilię
a ja piszę wiersz o śmierci
a ja znowu ten wiersz piszę od początku
i nie umiem skończyć

ani przerwać w połowie tak żeby się zachwiał
jak lilia śmiertelnie kiedy szukam dla niej
najodpowiedniejszego słowa
zamiast garnuszka wody

II.

my sister Wanda brings back a lily from her walk
while I write a poem about death
and I write the poem again from the beginning
and am unable to finish

or to break off in the middle to make it sway
like a lily mortally when I seek for her
the exact right word
in place of a jug of water

III.

zamykanie oczu to kłamstwo
bowiem od widoku samobójczej śmierci Leszka
Ruszkowskiego nie uratuje cię czarna powieka
zatem patrz jak wtedy gdy zatriumfowały w nim

wszystkie furie powietrza naraz
czyniąc zeń igrzysko
pakułę gdzieś poza ludzkim kręgiem
albo w ludzkich wnętrznościach

i kiedy dźwigałeś tę pakułę a jeszcze bardziej
kiedy nie mogłeś dźwignąć niczego
oprócz wymiotującego brzucha
wymiotującego z przerażenia iż jest

i że starcza za wszystko

III.

closing your eyes is falsehood
for a dark eyelid will not spare you the sight
of Leszek Rutkowski's self-inflicted death
so watch just like the time all the furies

of the air were victorious in him
making him a playground
a tow-bundle beyond the human circle
or within human innards

and when you bore that bundle and even more
when you were unable to bear anything
aside from a vomiting belly
vomiting from terror that it exists

that it suffices for all

IV.

zanim odkryłem twoją śmierć w pokoju
na dziesiątym piętrze i ujrzałem ją w zdziwieniu
twojej nagości i zanim odkryłem śmierć jako coś
co następuje po śniadaniu obiedzie i kolacji

przekonałem się że ten który leży przede mną
w zeszłonocnej pościeli i ten który leży w lilijkach
to mój przyjaciel to moja fizjologia to nade wszystko
mój przyjaciel i moja fizjologia

coś co jest święte

IV.

before I discovered your death in the room
on the eleventh floor and saw it in the astonishment
of your nakedness and before I discovered death as a thing
that comes after breakfast lunch and dinner

I realized that the one who lay before me
in last night's bedding and the one lying in lilies
was my friend was my physiology was above all
my friend and my physiology

a thing that is holy

V.

kobiety z którymi spędziłem noce nie ukrywały
że spędziły czas ze mną i nie wstydziły się
gdy zastał nas świt nagich po obu stronach czasu
kobiety te pragnęły ów czas zatrzymać

i pamiętać o czasie przeszłym jak o dziecku
które wypadło z ich łona i zaraz umarło
mężczyźni z którymi spędziłem noce nie ukrywali
że spędzili czas obok tego dziecka

V.

the women I spent nights with did not hide the fact
that they spent nights with me and they were not ashamed
when the dawn found us naked on both sides of time
the women desired to hold back that time

and remember past time as they would a child
who fell from their loins and died at once
the men I spent nights with did not hide the fact
that they spent time alongside this child

VI.

oto złożyliśmy trupa do trumienki
i ponieśliśmy przez chore miasto
w którym mężczyźni uprawiają nierząd
i nikt jeszcze nikogo nie uzdrowił

pocałunkiem a przecież
pocałunek jest od Boga
który nie rozstaje się z ludźmi
więc co czynią twoje usta

pośród setek tysięcy chorych
ani jednego do którego by przyszedł
i ani jednego którego by opuścił
choć wielu z nich będzie miało otwarte rany

VI.

so we put the body in its little casket
and bore it across a sickly town
where the men engage in debauchery
and no one has yet healed anyone

with a kiss and yet
a kiss is from God
who does not turn his back on humankind
then what are your eyes doing

amid a hundred thousand sick
there is not one he would come to
nor one he would abandon
though many will have open wounds

from PEREGRINARY

PEREGRYNARZ

[1992]

VII. Ad benevolum lectorem

1.

książki mojej nie czytaj
jeżeli chcesz zapomnieć o sobie
oddaj się raczej rozpuście
niż wdychaniu wierszy bardzo smrodliwych

oddaj się rozpuście jeżeli istotnie
starasz się przylgnąć do kawałka świata
w którym niczego nie ma oprócz wierszy
bardzo smrodliwych bo wciągających

w ów ciemny obraz w którym doprawdy
niczego nie znajdziesz oprócz mojej książki
jeżeli chcesz zapomnieć o sobie w czym ci niestety
nie pomogę skłoń się ku czytaniu poezji

wszystko jedno jakiej

VII. Ad Benevolum Lectorem

I.

do not read my book
if you wish to forget yourself
devote yourself to debauchery rather
than the inhaling of stinking poems

devote yourself to debauchery if you really
are trying to cling to a piece of the world
in which there is nothing but poems
that stink because they draw you in

to the dark image in which you truly
will find nothing aside from my book
if you wish to forget yourself a task that
I cannot help you with be disposed to read poetry

of any kind at all

2.

nie daj się pochwycić w sidła
które na ciebie zastawiam
już przy pierwszym wierszu
myślałem jakby cię połknąć

i myśl ta uskrzydlała mnie
i dzisiaj jeszcze uskrzydla
nie daj się zatem zwariować
i odpraw mnie póki zachowałeś

siły bo szamocząc się ze mną
przegrasz niewątpliwie szamocząc się
ze mną wyjdziesz na durnia
większego od autora książki

2.

do not let yourself be caught
in the snare I set for you
from the very first poem
I was thinking how to swallow you

and the thought gave me wings
and gives me wings still
so stop yourself from going mad
and send me away while you still have

the strength because in tangling with me
you are certain to lose in tangling
with me you'll come out a bigger
fool than the author of this book

VIII.

I.

schizofrenia jest domem
bożym odkąd zachorowałem
raz drugi i przebudziłem się
w gorączce miłości

zaiste niewiara jest jak okowa
i obręcz płomienista
w której wstydziłem się siebie
choć to nie wstyd przymierzać się

do istnienia a światła duszy
nie zmarnowałem i wykrzyknąłem Panie
niewiara jest cudownym miejscem
które opuszczam codziennie dla kogo innego

VIII.

I.

schizophrenia is a house
of God since I fell ill
a second time and awoke
in a fever of love

truly unbelief is like a fetter
and a flaming band
in which I was ashamed of myself
though it is no shame to engage

with being and I did not squander
the light of the soul I exclaimed Lord
unbelief is the miraculous place
that I abandon daily for someone else

2.

schizofrenia jest domem
bożym odkąd zachorowałem
raz drugi i przebudziłem się
w gorączce miłości

Panie wykrzyknąłem oto już jestem
gotów do umiłowania rzeczy
intymnych i bezgranicznych
jak pies się wróciłem

do Ciebie do rzeczy intymnych
i bezgranicznych których nigdy
nie miałem więc pewnie dlatego
trzymano mnie tutaj tak długo

2.

schizophrenia is a house
of God since I fell ill
a second time and awoke
in a fever of love

Lord I exclaimed behold I am
ready to cherish things
intimate and boundless
like a dog I have restored myself

to Thee to things intimate
and boundless which I never
had and that must be why
I have been detained here so long

IX.

martwy jest mój przyjaciel
a mój oddech z niego
a moje ciało do jego ciała nie doczepione
i nie przygwożdżone są ręce moje

do rąk jego wysupłanych z trumien
i nie przygwożdżone będą fruwać
jak zapomnienie wokół mojego osamotnienia
będą kaleczyć moje ciało za każdym razem

kiedy pójdę precz
i kiedy przyjdzie śmierć
i odczepiły się kości moje od kości jego
wpojonych w gwałtowny deszcz

IX.

dead is my friend
and my breath out of him
and my body unattached to his body
and unnailed are my hands

to his hands disentangled from caskets
and unnailed they will fly
like oblivion around my loneliness
they will injure my body every time

when I go away
and when death comes
and my bones are unfastened from his bones
that cling to a violent rain

X. Dławiąc się sobą, idzie prosto do nieba

stocz ze mną wojnę a będziesz zwycięski
każdego dnia będziesz zwycięski
i każdego pokonany gdy tylko zawołam
na pomoc umarłych

to moje ulubione zajęcie przywoływanie zmarłych
i nie znam innego pośród dni moich
wschodzi słońce i jest mi najłatwiej o krzyk
słońce zachodzi o krzyk się proszą wszystkie moje kości

jakbym był tylko rozgrzanym szkieletem
i nawet łatwiej być mi rozgrzanym szkieletem
aniżeli cielskiem porośniętym w przerażone mięso
które dławiąc się sobą idzie prosto do nieba

X. Choking on Itself, Goes Directly to Heaven

wage war against me and you will be victorious
every day you will be victorious
and every day defeated the moment I call
for assistance from the dead

it is my favorite occupation summoning the dead
I know no other amid my days
the sun rises and a cry is easiest
the sun sets and all my bones beg for a cry

as if I were nothing but a warmed skeleton
and it is easier to be a warmed skeleton
than a vast body overgrown with terrified flesh
that choking on itself goes directly to heaven

XI. Piosenka wieczorna

teraz nikt nie wydrze ci słowa
wiatr cię ominie bo cóż wiatr
staruszek nie nadążający za tobą
w śmiesznych podrygach liści

widziałem go wczoraj i przedwczoraj
w warkoczach dziewczyn i statecznych
niewiast płaczących nad bezżenną
ciemną wodą o zachodzie słońca

XI. Evening Song

now no one will snatch your words from you
the wind will pass you by for what is the wind
an old man failing to keep up with you
amid comical flurries of leaves

I saw him yesterday and the day before
in the braids of girls and dignified
maidens weeping over the unmarried dark
water at the setting of the sun

XII. Ad benevolum lectorem

nie umiem pisać dobrych wierszy
zatem przyjmij te które się chylą
ku upadkowi gdy tylko zaczniesz czytać
nie bardzo zważając na mój „Peregrynarz"

nie umiem pisać dobrych wierszy
ale się porywam żeby sobie dogodzić
zatem przyjmij te które się chylą
ku upadkowi aby mnie uratować

i nie wygrażaj pięścią kiedy zamkniesz
„Peregrynarz" ja z tobą wojny nie prowadzę
ino ze śmiercią która ci moją książkę
odbierze żebyś nie zaznał spokoju kotku

XII. Ad Benevolum Lectorem

I do not know how to write good poems
accept then the ones that fall into
decline the moment you start to read
paying little attention to my "Peregrinary"

I do not know how to write good poems
but I indulge myself by leaping forward
accept then the ones that are falling
into decline so as to save me

and do not shake your fist when you close
"Peregrinary" I am not at war with you
but with death who will take my book
from you to stop you knowing peace my sweet

from A YOUNG MAN OF IMPECCABLE MANNERS

MŁODZIENIEC O WZOROWYCH OBYCZAJACH

[1994]

XIII. Stancja na Lubomelskiej

teraz zimno jest twoim mieszkaniem
w którym ogrzewasz dwa pokoje
mróz natomiast nie jest twoim domem
odkąd napaliłeś w jednym z nich

ani śnieg nie jest dla ciebie owym zmyślnie
bądź poręcznie wyimaginowanym światem
odkąd wyprowadziłeś się w sen dla napisania
bardzo osobnej książki

jakże twoim mieszkaniem może być ciepło lub zimno
skoro twoim domem jest zmarły i jego straszny dwór
i jego zaiste straszny dwór w którym gnieździ się
kto inny (ale kto?) odkąd wyprowadziłeś się w sen

dla znalezienia paru archaizmów

XIII. Lodgings on Lubomelska Street

now the cold is your habitation
in which you heat two rooms
yet the frost is not your home
since in one of them you lit a fire

the snow for you is not that ingeniously
or practically imagined world
since you moved into a dream
to write a very separate book

how can your habitation be warmth or cold
since a dead man is your home and his haunted manor
his truly haunted manor that has been occupied
by someone else (who?) since you moved into a dream

looking for a handful of archaisms

XIV. Na miasteczku studenckim

podszedłem do niego gdy zwymiotował a był
w moim wieku może trochę starszy i zapytałem
skąd biorą się gwiazdy które robią
to samo gdy późno wracamy do domu

gwiazdy robią to od lat w dół urwiska
kiedy idziemy z drugiego końca miasta
przemówiłem gdy rzucił się przeklinać
konstelacje których nigdy nie widział

a mieliśmy w oczach piętno jednej
i tej samej gwiazdy kiedy na mnie spojrzał
podszedłem mu powiedzieć iż gwiazdy
od lat robią to za każdym razem z kimś innym

XIV. In the Student Village

I went up to him after he had vomited he was
my age maybe a little older and I asked
where the stars come from that do
the same thing when we are coming home late

the stars have been doing it for years down the bluff
as we walk from the other end of town
I spoke when he had rushed to curse
constellations that he had never seen

and in our eyes we bore the mark of one
and the same star when he looked at me
I went up to him to tell him that the stars
have done it for years with someone different each time

XV. Piosenka dla Funi Bełskiej

umarłem dnia wczorajszego
i chociaż nikt nie podał mi ręki
spotkałem po tamtej stronie rzeki
milczących i śpiewających braci

choć żaden z nich nie podszedł do mnie
ani nie przemówił na progu domu wciąż jeszcze
niewidzialnego a już przestrzennego jak każdy
dom na uboczu który trwa dzięki temu iż pobielany

i że bełży się z daleka umarłem dnia
wczorajszego umarło moje ciało i wypłynął
ze mnie grzech jak ropa moimi
ustami gdy stanąłem do pocałunku

XV. Song for Funia Bełska

yesterday I died
and although no one shook my hand
on the far side of the river I met
the silent and singing brothers

though not one of them came up to me
nor spoke on the threshold of a house still
unseen yet already three-dimensional like any
out-of-the-way house that endures by being whitewashed

and showing white from far off yesterday
I died my body died and sin
flowed out of me like pus through my
mouth when I stood for a kiss

XVI. Nosiciele na schodach katedry

trędowaci oddali swoje ciała
najpiękniejszym z nas
niechaj żaden nie zdradzi przekleństwa
i niech nie waży się żyć

w otchłani innej aniżeli życie
choćbyś zgnił pierwej niż ten
który już nie zgnije od szemrzących
traw w twoich martwych ustach

trędowaci oddali swoje ciała najpiękniejszym
spośród nas pamiętaj narodziłeś się by żyć
w otchłani pełnej mrocznych plag
której nie wyczerpie nikt kto z tobą nie zasypia

XVI. Carriers on the Steps of the Cathedral

the lepers have given their bodies
to the most beautiful among us
let no one betray the curse
or dare to live

in any other chasm than life
even if you were to decay sooner than the one
who will not decay from the rustling
grasses in your dead mouth

the lepers have given their bodies to the most beautiful
among us remember you were born to live
in a dismal plagued-filled chasm
that cannot be emptied by anyone who does not sleep with you

XVII. Młodzieniec o wzorowych obyczajach

przyszła śmierć do naszego miasteczka
ale inna od tej jaką widzieliśmy
do której zewsząd garnęły się kobiety
i przypominały sobie co najistotniejsze

mężczyzn młodość lub rąbek stubarwnej chustki
zatem przypominały sobie wiele ciał pięknych
i młodych które powieziono gdzieś w koleinach deszczu
i śniegu co nie stajał mimo diabelskiego podszeptu

wiele ciał po które przyjechał chłopiec
jak malowanie (pewnie z sąsiedniego miasteczka bo tutaj
nikt go nie znał) i zaraz się stało iż to ten
co najistotniejsze zdolny do pieszczot i dyskrecji

XVII. A Young Man of Impeccable Manners

death arrived in our small town
but it was different than the one we had seen
to which the women flocked from all around
recalling what was most important

men or youth or the hem of a colored scarf
so they recalled many bodies beautiful
and young being transported along ruts filled with rain
and snow that did not melt despite the diabolic whisper

many bodies for which there came a boy
like a picture (no doubt from the next town since here
no one knew him) and at once he became the one
good most of all for caresses and discretion

XVIII.

czas jest ślepy i ślepe są wnętrzności
moje które wybiegają w przyszłość
czas jest bez przyczyny i ja jestem
bez przyczyny odkąd zachorowałem

który uwierzyłem iż zobaczę ciemność
w jej początkach i jasność
zarania na szpitalnym łóżku: „tutaj,
gdzie obracam swoje wnętrzności

jak młyńskie koło, mimo iż wybiegają
przed siebie, i nie wzywam pomocy"
czas jest ślepy i ślepe są wnętrzności
moje odkąd pozbyłem się choroby

XVIII.

time is blind and blind are my innards
which run ahead into the future
time is without cause and I am
without cause ever since I fell ill

I who believed I would see the darkness
at its beginnings and the brightness
of dawn on a hospital bed: "here,
as I turn my innards

like a millwheel, even though they run
away, and I do not call for help"
time is blind and blind are my innards
since I have shaken off my sickness

[1997]

XIX.

i byłem bardziej nagi aniżeli
ów Gemlaburbitsky kości jego pachną
i cuchną ilekroć powracam
do swoich dwudziestu pięciu lat

byłem nagi i nikt mnie nie zawstydził
albowiem nie sięgnął po kubeł
wody na moje ciało aż przyszedłeś
z tym natchnionym śpiewem

tysiąca kości i wymówiłeś moje imię
wtedy też powiedziałeś
że w moją nagość wlejesz ducha
członków abym zmężniał

XIX.

and I was more naked than that
Gemlaburbitsky whose bones are fragrant
and fetid whenever I return
to my twenty-five years

I was naked and no one shamed me
for they did not reach for a pail
of water for my body till you came
with that inspired singing

of a thousand bones and you uttered my name
and you also said that into
my nakedness you would pour
the spirit of limbs to make me a man

XX.

wszystko to są rzeczy niepewne ziemia
i niebo to są wszystko rzeczy niepewne
od których uciekaj póki jeszcze
jest dokąd albowiem ta ciemność teraz

i ta ciemność potem jakiej nie próbuj
zawczasu dotknąć to zaiste dwa
przeróżne światy do których nie przykładaj
ręki jeżeli chcesz ujść cało

bo ta ciemność teraz i ta ciemność potem
to są wszystko rzeczy nie do pogodzenia
z którymi niechaj nic cię nie łączy chyba że jest
coś o czym nie wiem

XX.

all these are uncertain things earth
and sky these are all uncertain things
from which you should run while there's still
somewhere to go because the darkness now

and the darkness later that you shouldn't even try
to touch ahead of time these truly are two
different worlds to which you should not
raise a hand if you wish to survive

because the darkness now and the darkness later
these are all things that cannot be reconciled
things you ought not to be associated with unless
there's something I do not know

XXI.

nie znam twojej śmierci choć zapamiętałem
twoje imię jak nie znam studni sąsiada o północy
która wtedy jest studnią wszystkich
zmarłych bez względu na uczynki i płeć

doprawdy nie znam twojej śmierci ani studni sąsiada
z której ciągniemy we dwóch albo i we trzech
lecz tylko jeden odleje się w sieni do przepełnionego
wiadereczka z nieczystościami skąd podobno

zawsze bił wyjątkowy smród (smród i blask)
więc nie znam twojej śmierci choć zapamiętałem
wiadereczko co w nocy stało na polepie bliżej
zmarłych a w dzień kiedy jego zawartość szła

pod płot było wystawione na dwór do góry dnem

XXI.

I do not know your death though I remembered
your name just as I do not know my neighbor's well
at midnight which at that time is the well of all
the dead regardless of their deeds and their gender

truly I do not know your death nor my neighbor's well
from which we draw in twos and even threes
but only one will piss in the hallway into a brimming
bucket of waste from which apparently

there was always a mighty stench (stench and glare)
and so I do not know your death though I remember
the bucket that stood in the night on the clay floor close
to the dead and in the day when its contents were taken

to the fence it was left upside down in the yard

XXII. Upał

płakaliśmy po osiemnastoletniej Bojarskiej
nic nie rozumiejąc z jej osiemnastu lat
pogrzebanych zbyt nagle żeby nie szukać winnych
tej śmierci na pożółkłych fotografiach

wtedy jeszcze nie wiedzieliśmy iż stoimy
na lubaczowskiej drodze by pochować
Bojarską w skwarze popołudniowego słońca
które wybiegło skądiś i położyło swoje

ręce na otwartej trumience i bawiło się
sobą w uśpionych włosach Helenki
jakże wesoło bawiło się słoneczko w uśpionych włosach
Helenki i zachęcało nas do wejrzenia w głąb siebie

XXII. Heat Wave

we wept for the death of eighteen-year-old Bojarska
understanding nothing of her eighteen years
that were buried too abruptly so as not to seek culprits
for that death in yellowing photographs

we did not yet know then that we were standing
on the Lubaczów road in order to bury
Bojarska in the swelter of the afternoon sun
which had run out from somewhere or other and placed

its hands on the little open casket
and played in Helenka's sleeping hair
how merrily the sunshine played in Helenka's
sleeping hair and pushed us to look deep within ourselves

XXIII. Nieśmiałość

to nieprawda że przyjaciele chorują
na raka i umierają w samo południe
ich twarz nie zmieni się nawet o mgłę
którą nakładamy w ślepe miejsca

przyjaciel ma zawsze usta przez które
kości jego wołają i będą wołać
może teraz gdy leżymy obok siebie
spodziewając się przyjścia kogoś

kogo nie znamy jego usta rozstąpią się
cudownie i wzbudzą we mnie
kamień głodny który jeszcze dzisiaj
rzucę w okno twojej sypialni

XXIII. Timidity

it isn't true that our friends are ill
with cancer and dying at high noon
their face will not change by so much as the mist
that we apply to unseen places

a friend always has lips through which
his bones cry out and will cry out
maybe now as we are lying side by side
expecting the arrival of someone

whom we do not know his lips will part
miraculously and will stir within me
a hungry stone that I will throw
this very day at your bedroom window

XXIV. Pieszczoch

może teraz kiedy leżymy obok siebie
spodziewając się (oprócz zmęczenia naszą
obecnością) przyjścia kogoś kogo
nie znamy: jego usta rozstąpią się nagle

więc może teraz gdy dotykamy zachłannie granic
naszego ciała które są nieskończenie
bezpieczne tylko dzisiaj w łóżku w granicach
tych dźwigając także (oprócz zmęczenia naszą

obecnością) nieobecność kogoś kogo usiłujemy
pokochać: jego usta rozstąpią się nagle
i wzbudzą we mnie kamień głodny z którym się
zabieram do pieszczot ilekroć jestem z tobą

XXIV. Caress

maybe now when we are lying side by side
expecting (aside from the exhaustion caused by our
presence) the arrival of someone whom
we do not know: his lips will suddenly part

so maybe now as we greedily touch the boundaries
of our flesh that are altogether secure only
today in bed within these boundaries
bearing as well (aside from the exhaustion caused

by our presence) the absence of one whom we strive
to love: his lips will suddenly part
and stir within me the hungry stone with which
I embark on caresses whenever I am with you

XXV. Znak z nieba

śniłem deszcz jaki zwykle nawiedza
mężczyznę i kobietę gdy idą we dwoje
nie istnieli w tym śnie
lub tak bardzo związali się ze sobą

i chłonęli ów deszcz że nie mogłem odejść
nie było ich lecz wydzielali pot gubili się w czarnej
albo czerwonej roślinności dalekiego
wybrzeża u którego stałem trzy dni i trzy noce

trzy dni i trzy noce oczekiwania na deszcz (znak
z nieba by porzucić ziemię) oni zaś wyśmiewali moje
przykurczone ręce i nogi lecz rozproszyli się
zaraz gdy się przebudziłem aby im dać siebie

XXV. Sign from the Heavens

I dreamed of the rain that ordinarily haunts
a man and a woman when they walk together
they did not exist in that dream
or were so very bound up with one another

and soaked up the rain that I could not walk away
they were not there and yet they perspired were lost
in the black or the red undergrowth of the distant
shore where I'd been standing three days and nights

three days and nights of waiting for rain (a sign
from the heavens to abandon the earth) while they mocked
my cramped hands and feet but vanished at once
when I woke in order to give them myself

XXVI.

moi przyjaciele Zbychu i Andrzej
od dawien dawna piszą wiersze
znowu więc nie zrozumieliśmy Pana Boga
który się do tych wierszy przykłada

(i to jeszcze jak) moi przyjaciele
Zbychu i Andrzej poprawiają skórę słońca
księżyca i deszczu co się mieni
na wiecznie niedoskonałym wężu w ich

ustach którego im zazdroszczę przy pocałunku
bo ich język znacznie więcej wypowiada
aniżeli mój zawsze zaśliniony i zadowolony
z siebie gdy go wpycham do nie swoich ust

XXVI.

my two friends Zbychu and Andrzej have
written poems for many years so once again
we've failed to understand the Lord God
who has had a hand in those poems

(and how) my two friends Zbychu and Andrzej
straighten the skin of the sun and the skin
of the moon and the rain that shimmers
on the ever imperfect serpent in their

mouths that I envy when it comes to kissing
because their tongue utters so much more
than mine that is always slavering and pleased
with itself when I thrust it in the mouths of others

XXVII.

moi przyjaciele Zbychu i Andrzej piszą
wiersze znowu więc nie zrozumieliśmy
Pana Boga który nie rymował ale świat
stworzył ani trochę ułomny

ani chybi ułomny jeżeli idzie o nas
moi przyjaciele Zbychu i Andrzej piszą
wiersze poprawiają zatem i to
jeszcze jak skórę słońca księżyca

i deszczu która się mieni na wiecznie
niedoskonałym wężu w ich ustach
w ich ustach pod postacią pocałunku zamieszkał
ów wąż co nas wnet gładko wyślizga

XXVII.

my friends Zbychu and Andrzej write
poems so once again we've failed to understand
the Lord God who did not rhyme but created
a world not remotely defective

undoubtedly defective as concerns us
my friends Zbychu and Andrzej write
poems and thus they straighten (and
how) the skin of the sun and the moon

and the rain that shimmers on the ever
imperfect serpent in their mouths that has
inhabited their mouths in the form of a kiss
and will slide us out smoothly without warning

XXVIII.

codziennie umiera ponad 1000 chorych
i jutro drugie tyle pójdzie w dym
Ty jesteś Panie w gniewie swym nieskory
i powściągliwy jest Twój gniew

Ty jesteś Panie nasza łódź odwieczna
co nas wybawi od martwego brzegu
i na wodach morskich wzywasz nas na jeszcze
większą głębię wciąż bliżej siebie

codziennie umiera ponad 1000 chorych
i jutro na drugie dwa tysiące spadnie
Twój wszystek deszcz ognia a to
nie to samo co deszcz i ogień z osobna

XXVIII.

every day sees the death of a thousand sick
and tomorrow as many more will go up in smoke
Lord in thy wrath Thou art not quick
and ever temperate is thy wrath

Lord Thou art our everlasting ship
that delivereth us from the lifeless shore
and out on the sea Thou summonest us to ever
greater depths ever closer to Thee

every day sees the death of a thousand sick
and tomorrow on two thousand more will descend
thy entire rain of fire and that
is not the same as rain and fire apart

XXIX. Tumor linguae

w sąsiednim pokoju umiera moja matka
odkąd pamiętam umiera raz po raz w małym
pokoju dolnym a kiedy indziej w większym
górnym właśnie zaczynam w nim urzędowanie

na czym polega moje urzędowanie piszę wiersze
proszę państwa pochylam się nad zmyśloną kartką
papieru jak nad samym sobą i spływa na mnie
natchnienie migotliwe światło zapalam je raz

po raz w ciemnym pokoju dolnym bądź górnym
w zależności od rozwoju sytuacji odkąd pamiętam
nie mam stosunku proszę państwa do napisanego
i skończonego wiersza do widzenia moja najdroższa

XXIX. Tumor Linguae

in the next-door room my mother is dying
since I can recall she's been dying over and over
in the little downstairs room and sometimes in
the big one upstairs where I'm taking up my post

what is the nature of my post I write poems
if you please hunched over a made-up sheet
of paper as if over myself and bathed
in inspiration a flickering light I turn it on over

and over in the dark room downstairs or upstairs
depending on the situation since I can recall
I have taken no position if you please toward the written
and finished poem farewell my sweet one

XXX. Początek tygodnia

w naszym przygranicznym miasteczku
(co nad jedną małą rzeką i nad drugą małą
rzeką leży) śmierć się w poniedziałki
pokazywała w dzień targowy gdy wybór był wielki

nad jedną małą rzeką i nad drugą małą
rzeką (co do nas ze świata pewnie płynie
i potem w świecie gdzieś przepada) śmierć
każdą błyskotkę sprzedać chciała i każdą

kupić za bezdurno a baby ze śmiercią gadały
ach jak się ze śmiercią głośno pospolitowały
po imieniu sobie mówiły moja kochaneńka
a wszystko przez te grzebienie fartuszki lusterka

XXX. Beginning of the Week

in our small border town (which lies
on one small river and another small
river) death would appear Mondays
on market day when there was lots to choose from

on one small river and another small
river (which must flow to us from the outside world
and then disappear back into that world) death
tried to sell every trinket and buy each

one for a song and the old women chatted with death
oh how loudly they slummed with death
using first names you see my good friend
and all because of hand-mirrors aprons combs

XXXI.

przemierzaliśmy miasta w obojętności wielkiej
do mostów spadzistych łuków triumfalnych
tam gdzie nie byliśmy w nocy potrzebni zbieraliśmy
resztki odzienia jak się zabiera płomieniom

potem dworce innego miasta na peryferiach kominy
elektrociepłowni a we dnie okna kamienic zamknięte
przed tym co już zostawiliśmy w bramach w parkach
dworce dworce jak łożyska wielkich rzek

przekleństwa przyjezdnych (stąd zagubionych w swej
masie) jakie podsłuchałem w chwili gdy zawracali
do swoich narodzin wtaczał się bowiem ich pośpieszny
którym i ja uciekałem od siebie byle ku granicy

XXXI.

we crossed cities in our vast indifference to
vertiginous bridges and triumphal arches
where we were not needed in the night we gathered
our remaining clothes as one saves things from the flames

then train stations of another city on the outskirts chimneys
of a power plant and in the day apartment windows closed
to what we had already left in gateways in parks
stations stations like the beds of great rivers

the curses of those arriving (and thus lost in their great
numbers) that I overheard at the point when they turned back
to their birth for their slow train was just pulling in
on which I too was fleeing from myself toward the border

XXXII.

przemierzaliśmy miasta w obojętności wielkiej
do mostów spadzistych łuków triumfalnych tam gdzie
nie byliśmy w nocy potrzebni otwieraliśmy sobie
żyły niczym gwiazdy których nikt nie strącił do ogrodu

dworce dworce jak łożyska wielkich rzek
przekleństwa przyjezdnych gdy przeszłość
i przyszłość (zaśmiewaliśmy się pamiętasz)
na pokracznych nogach z wypchanymi walizami

uderzyła na tłum zapowiedziano bowiem nasz pociąg
do Przemyśla — przeszłość i przyszłość dwie baby
razem bez miejsc siedzących — pamiętasz ustąpiliśmy
młodszej gdyż wydawało się że jednego z nas pragnie

urodzić zmusić do dalszej jazdy w ciemno

XXXII.

we crossed cities in our vast indifference to
vertiginous bridges and triumphal arches where
we were not needed in the night we opened
our veins like stars that no one had toppled into the garden

stations stations like the beds of great rivers
the curses of those arriving while the past
and the future (we laughed remember)
on misshapen legs with bulging suitcases

smashed into the crowd because our train to Przemyśl
had been announced — the past and the future two women
together without assigned seats — remember we made way
for the younger one as it seemed she desired to give

birth to one of us and make us travel on in the darkness

XXXIII. Źródełko

jesień już Panie a ja nie mam domu
kiedy przyjeżdżam w przemyskie
żeby grzebać się w sobie i w swoich bliskich
gdy opowiadają mi bajkę kto kogo zarąbał

siekierą Ukrainiec czy Lach kto kogo wrzucił
do studni koło której teraz przechodzę
żeby grzebać się w sobie odkrywać swoje prawdziwe
ja lecz najpierw piję ożywczą wodę z tej studni

daję wiarę rodzinnej historii piję z niej
jak ze źródełka czerpię z dna ich bajki
o potworach po obu stronach lustra i nie jestem
bez winy odkąd piszę po polsku przeciwko komu

XXXIII. Wellspring

it's autumn Lord and I have no home
when I arrive in the Przemyśl region
to dig deep in myself and those close to me
when they tell me the tale of who chopped who

to pieces with an ax Ukrainian or Polak who
tossed who into the well that I'm walking past
to dig deep in myself uncover my true
essence but first I drink the refreshing water of that well

I give credence to family history drink from it
as from a wellspring I draw from the depths of their tale
about monsters on both sides of the mirror and I've not been
without fault since I started writing in Polish against who

XXXIV. Kamień pełen pokarmu

łąki wam oddaję i rzeki wam powierzę
niechaj od nowa wylewają się z koryta
każdej nocy: „kiedy ty idziesz do niego
i kiedy on idzie do ciebie" oddaję wam

rzeki co do jednej Wisznię Sołotwę
Lubaczówkę i kwiatu wam nie odmówię
odkąd jestem kwiatem wyniesionym
ze snu: „kiedy ty idziesz do niego

i kiedy on idzie do ciebie" porzucam
was dla własnego ognia co się
w ręku staje jeszcze większym ogniem
w moim ręku wszystko się powiększa

i zaokrągla w moich ustach wszak kamień
staje się pełniejszy odkąd jestem
kamieniem coraz bardziej pożywnym z dna
rzeki wyniesionym z głębokiego snu

XXXIV. Foodstone

I give you meadows entrust you with rivers
may the waters spill from their channels anew
each night: "when you will go to him
and he will go to you" I give you

every last river the Wisznia the Sołotwa
the Lubaczówka I begrudge you no flower
since I became a flower retrieved
from sleep: "when you will go to him

and he will go to you" I abandon
you for my very own fire that in
the hand becomes an even greater fire
everything grows larger in my hands

and rounder in my mouth for the stone
has been growing fuller since I became
a stone more nourishing retrieved from the bed
of the river retrieved from the deepest sleep

XXXV. Piosenka o sytuacji bez wyjścia

opowiem ci o śmierci w moim niedoskonałym
języku znanym z niedoskonałości
ale zanim opowiem ci o śmierci jak to
już robiłem dla wielu przed tobą

musisz mnie nazwać stosownie i zapamiętać
moje imię po dzień w którym zacznie się
ściemniać nad wszystkim czego się dotknąłeś
i wyzbyłeś raz na zawsze

wtedy opowiem ci o śmierci
wtedy opowiem ci głównie o sobie
nie zaczynaj z nikim przyjaźni
kto nie umie dawać w sytuacji bez wyjścia

XXXV. Song of the Hopeless Situation

I'll tell you about death in my imperfect
tongue renowned for its imperfection
but before I tell you about death as I have
already done for many before you

you must name me fittingly and remember
my name till the day when darkness will begin
to descend over all you have touched
and discarded once and for all

then I will tell you about death
then I will tell you mostly about myself
do not become friends with anyone
who in a hopeless situation is unable to give

XXXVI.

opowiem ci o śmierci w moim niedoskonałym
języku znanym z niedoskonałości
ale zanim opowiem ci o śmierci
jako o rzeczy pięknie utraconej

musisz mnie nazwać stosownie
otóż nie zaczynaj z nikim przyjaźni
bez jego prochu w twojej garści
i bez jego prochu w twoich ustach

i bez prochu w twoich kiszkach które brną
do światła i dlatego cię nie zdradzą
nie opuszczą gdy będziesz spadał schodził
w dół wszystko jeszcze przed tobą

XXXVI.

I'll tell you about death in my imperfect
tongue renowned for its imperfection
but before I tell you about death
as of something beautifully lost

you must name me fittingly
so do not become friends with anyone
without his ashes in your palm
and without his ashes in your mouth

and without ashes in your guts which push
toward the light and so will not betray you
or abandon you when you're falling descending
downwards with all still before you

XXXVII.

śmierć jest po nas jak deszcz wiosenny
i przed nami jak deszcz jesienny
przed nami i po nas mży ten sam deszczyk
młody co raz robi za dziewczynę

a raz za chłopaka śmierć nas nie opuszcza
jest jak deszcz jesienny w który się chowamy
choć nie ma nad niego równie zimnego
schroniska aniżeli to w jakim się zatrzymujemy

powiadam śmierć jest jak deszcz wiosenny
który wie za dużo o dwóch studentach w górach
lecz przygarnął ich do siebie
i udaje raz dziewczynę a raz chłopaka

XXXVII.

death is behind us like springtime rain
and before us like rain in the autumn
before us and behind us the same youthful
drizzling rain that sometimes acts the girl

and sometimes the boy death never leaves us
it's like autumn rain in which we take cover
though there's no shelter that is as cold
aside from the one in which we stay

I tell you death is like springtime rain
that knows too much about two student hikers
yet took them under its own protection
and acts now like a girl now like a boy

XXXVIII.

twoja matka mówi że jestem
coraz bardziej podobny do ciebie
nawet nos wycieram z tym samym
zniecierpliwieniem co ją martwi

twoja matka mówi że nie nauczyła cię
porządnie smarkać przy ludziach
śmiejemy się bo to takie nagłe: „wiesz
ja go nigdy nie nauczyłam ładnie

smarkać i już nie nauczę by zabierał ze sobą
jedwabną chusteczkę" śmiejemy się bo to takie
nagłe: „wiesz ta chusteczka przydałaby
mu się jeszcze dzisiaj kiedy go nie ma"

XXXVIII.

your mother says that I
resemble you more and more
I even wipe my nose with the same
impatience which has her worried

your mother says she never taught you
to properly blow your nose in company
we laugh because it just pops out: "you know
I never taught him how to blow his nose

nicely and now I'll never teach him to keep a silk
handkerchief with him" we laugh because it just
pops out: "you know he could use a handkerchief
even today when he's no longer here"

XXXIX.

twoja matka pewnie się wygłupia
mówi że już tylko jestem tobą
kiedy w łazience wchodzę do wody
i zrzucam wszystko co najbrudniejsze

po całym dniu na mieście skąd się
wraca ledwie przypominając siebie
zostawiam wszystko co najbrudniejsze
i nie pozwalam jej niczego sprzątnąć

mówi że już tylko jestem tobą po całym dniu
na mieście skąd się wraca przepoconym
zmienionym nie do poznania: nie wiedziałem
że lubi na mnie patrzeć jak się biorę z brudu

XXXIX.

your mother is probably joking
she says that now I'm entirely you
when I enter the water in the bathroom
and cast off all that is filthiest

after a whole day in the city from where
one returns barely resembling oneself
I leave behind all that is filthiest
and will not allow her to clean up

she says I'm entirely you after a whole day
in the city from where one returns sweaty
and altered beyond recognition: I didn't know
that she likes to watch me emerge from the filth

XL. Bezczynność

rozmawiam z twoją śmiercią (skoro
tylko tyle mogę) o mojej śmierci
odkąd mam jej numer telefonu w notesie
i dzwonię ażeby zagadnąć o ciebie

myślę o twoim życiu które dobiegło dwudziestu
paru lat aby cieszyć się wonnością
odkąd mam jej telefon jestem spokojniejszy
o to czy cię usłyszę zobaczę i obejmę

zatem myślę o twoim życiu które tutaj nigdy
nie było wonnością ani nie jest tym czym
jest gdzie indziej odkąd dzwonię ażeby zapytać
co porabiasz i co ja mam ze sobą zrobić

XL. Inaction

I've been speaking with your death (since
that is all I can do) about my death
ever since I got its phone number
and I've been calling to ask about you

I think of your life that lasted twenty
some years so I can relish the fragrance
since I got the number I worry less
about whether I'll hear you see you embrace you

so I think of your life which here
was never fragrance nor is it that which
it is elsewhere since I've been calling to ask
what you're up to and what I should do with myself

XLI.

coraz mniej pamiętam krzyk twojej matki
i moje wołanie gdy wbiegłem do kuchni
w całym domu wołanie i wyrzucanie rąk
w powietrze jak czegoś co powstało ze szmat

i wyrzucanie niepotrzebnych rąk
w niepotrzebnie czyste powietrze
które służyło za jeden wielki
gałgan wepchnięty do ust za odpady

ze szmat w ustach tych co cię kochali
i wszystko dookoła nas powstało z gałganów
którymi się dławiliśmy modliliśmy się
długo przez wzgląd na osobę Pana Boga

XLI.

less and less I remember your mother's cry
and my exclamation as I ran into the kitchen
the house filled with exclamations and hands thrown up
into the air as if they were made of rags

and the throwing up of needless hands
into the needlessly pure air
which served as one immense wad
of scraps thrust into the mouth as waste

made of rags in the mouths of those who loved you
and everything around us was made from scraps
on which we choked and prayed for a long time
out of regard for the Lord God's person

from FAR FROM HERE I LEFT MY ANCIENT
AND UNANCIENT BODY

DALEKO STĄD ZOSTAWIŁEM SWOJE DAWNE
I NIEDAWNE CIAŁO

[2003]

XLII.

pewnie jej włosy po chemioterapii
już jutro odrosną i znowu
w Ogrodzie Saskim powiem jej
o sobie aby się rozpłakała

gdy skończymy karmić wiewiórki
powiem jej o sobie o orzeszku
grzeszku który skrywamy na dnie
duszy choćbyśmy przed światem

niczego innego nie ukrywali idąc mu
na spotkanie asfaltową alejką „wszędzie
pusto i łyso tylko listopad pełen
parszywych uciech" nie czuję się jednak

współwinny do widzenia moja najdroższa

XLII.

after the chemo her hair will surely
grow back the next day and once again
in the Saski Gardens I'll tell her
about myself and make her cry

when we're done feeding the squirrels
I'll tell her about myself the naughty
little nut that we hide deep down
in the soul even if we hide

nothing else from the world as we go
to meet it down the avenue "everywhere
empty and bare only November is filled
with squalid delights" yet I do not feel

like an accomplice goodbye my darling

XLIII.

nie połykaj białych proszków
jak nasza matka która później
zwymiotowała treść niejednego
wiersza nikt nie wie co

i ile choć od tego pewnie
zachorowała na głowę
a może to przeze mnie ubyło trochę świata
światła gdy siedziałem w przemyskiem

może to ja zwymiotowałem całe sielskie
dzieciństwo żeby wbrew jej przykazaniu nabrać
w siebie ciekawości życia zrobić miejsce
dla nowego wiersza skończyć z natchnionym cielskiem

własnym

XLIII.

do not swallow white pills
like our mother who later
vomited the contents of many
a poem no one knows what

or how many though that was probably
what made her sick in the head
or maybe because of me there was less world
less light when I stayed in the Przemyśl region

maybe it was me vomiting my whole idyllic
childhood so that despite her injunction I could acquire
curiosity about life make room for a new poem
and have done with my own vast inspired

flesh

XLIV.

nie połykaj białych proszków
jak nasza matka która później w moim
imieniu zwymiotowała treść
niejednego wiersza odkąd natomiast

zbrzydło jej poruszać się we śnie
zgięta wpół męczyła się przed cuchnącym
lustrem snu nad sedesem
z którego się wylewało wszystko naraz co przeszłe

i przyszłe i raniły ją czyjeś spojrzenia
od tego pewnie zachorowała na głowę
lecz nawet wówczas czerpałem z jej pomysłów
nikt nie rodzi się poetą bezboleśnie

(23 XI 1988)

XLIV.

do not swallow white pills
like our mother who later in my
name vomited the contents
of many a poem yet ever since

she sickened of moving in her sleep
bent double she suffered before the stinking
mirror of sleep over the toilet
from which there came spilling all that was past

and future she was hurt by someone's glances
that was probably why she grew sick in the head
but even then I drew from her notions
no one is born a poet without pain

(11/23/1988)

from TOWARD A SCIENCE OF NON-EXISTENCE

PRZYCZYNEK DO NAUKI O NIEISTNIENIU

[2003]

XLV.

o gdybym dysponował widnym pokoikiem
na pewno uwolniłbym się od nieprzyjaciół
oprócz kości moich przodków trawionych
długą gorączką nie umiem niczym się cieszyć

oprócz kości moich przodków z którymi nikt
mnie nie widział niczego nie chcę zaprzepaścić
nie to jest ważne co zmieściłem w sobie
a starałem się pomieścić wiele lecz to co trawione

długą gorączką i niemożnością („bujaj się
stąd, Dyciu") nie budzi naszych skojarzeń

XLV.

if I only possessed a sunlit room
for sure I would rid myself of my foes
aside from the bones of my ancestors prey
to lengthy fevers nothing brings me pleasure

aside from the bones of my ancestors with whom
I was never seen there's nothing I would squander
it's not what I placed inside me that matters
and I tried to place lots but what is prey

to lengthy fevers and impossibility ("beat it,
Dycki") for us stirs no associations

XLVI.

jesień już Panie a ja nie mam domu oprócz
niezbędnych rzeczy w których niezgorzej się mieszka
oprócz niezbędnych rzeczy nie potrafię niczego
udźwignąć choć staram się uwolnić od przeszłości

gdybym natomiast dysponował kilkoma pokojami
w jednym na pewno zamknąłbym grzech
niechby nie rozrabiał kiedy wychodzę z kościoła
św. Stanisława Kostki o gdybym dysponował

widnym pokoikiem nie byłoby mnie tutaj

XLVI.

it's autumn Lord and I have no home but for
necessary things in which life isn't bad
aside from necessary things there's nothing I can lift
though I do what I can to break free of the past

whereas if I only possessed a few rooms
in one of them for sure I'd lock up sin
to stop it misbehaving as I leave the church
of St. Stanislaus Kostka if only I possessed

a sunlit room I'd be gone from here

XLVII. Powołanie

z trudem używam języka (jestem
poetą współczesnym) więc powinien
rozstać się ze mną póki jeszcze
może wypowiedzieć moje imię wsadzić mi

milczenie między zęby nogi (kamień
który się zaślini i wedrze grubo głębiej
i będzie robił za poezję) albowiem
później kiedy on mnie a ja jego będę podnosił

z upadku kiedy będziemy skazani na własną
niedoskonałość i w tej niedoskonałości trawić
czas na pocałunki nikt nam nie uwierzy
że nazywamy rzeczy z niezgody na siebie

XLVII. Calling

I use language with difficulty (I am
a contemporary poet) and so it ought
to part company with me while it
can still pronounce my name put

silence between my teeth legs (a stone
that will slaver and thrust far deeper
and serve for poetry) because
later when it raises me and I raise it

from collapse when we are condemned to our own
imperfection and in that imperfection wasting
time on kisses no one will believe us
that we name things because we do not accept ourselves

XLVIII. Uwodziciel

tu leż tu jest twoje miejsce
i nie powiadaj że nikt cię nie chce
to widać po ich zachowaniu
że przedkładają cię choćby nad kamień

i nad pestkę wiśni i nie powiadaj że nikt cię
nie chce gdyż jesteś o wiele bardziej
słodki aniżeli wiatr który sam siebie wyssie
w polu w pochyleniu drzew w szeleście

sam siebie wyssie z każdego źdźbła i z pestki wiśni
i pod nogi rzuci papierek tu leż tu jest
twoje miejsce to widać po tym jak idąc na dno
wdzięczysz się do lustra wody mój drogi

XLVIII. Seducer

lie here this is your place
and don't say no one wants you
it's clear from their behavior
that they hold you even above stone

and above a cherry pit and don't say no one
wants you because you are so much
sweeter than the wind that sucks itself out
in the field in the lean of trees in the rustling

sucks itself out of each grass-blade out of the cherry pit
and throws a scrap of paper at your feet lie here this
is your place it's clear from the way that as you sink
you make eyes into the mirror of the water my friend

XLIX.

umarłem dnia wczorajszego umarło
moje ciało i wypłynął ze mnie wąż
który kochał się w ciele kobiety
lecz rano budził się w ciele mężczyzny

i odnajdywał się bez przyczyny w ciele chłopca
jakim byłem manipulował zresztą nie tylko mną
w ciele kobiety szukał dla siebie ujścia pokarmu
zwodził każdego kto się zgubił na dworcu

w ciele kobiety szukał okazji i było mu
mało rósł we mnie a ja w nim syciłem się wielki
największy twardniałem to był ten błąd
popełniony na krótko przed wymówieniem mojego

imienia które skądś znał ale nie wiem skąd

XLIX.

I passed away yesterday my body passed
away and from me there swam out a serpent
who was in love with the body of a woman
but in the morning awoke in the body of a man

and found itself for no reason in the body of the boy
that I once was and besides it exploited not just me
in the body of the woman it sought release nourishment
it tried to hoodwink anyone lost at the station

in the body of the woman it sought a chance and was
unsatisfied it grew within me and I within it I sated myself
large and largest I hardened that was the mistake
committed right before the saying of my

name which it had gotten from somewhere I don't know where

L. Szmugler

piszę coraz ciemniejsze wiersze gdy jest
dzień i zasiadam do papieru odrzucając
pustosłowie natchnienie natchnienia nie ma panie
i panowie papier to jest pozostałość z nocy

papier to jest pozostałość z wielu wielu nocy
gdy nieobecni piszą coraz ciemniejsze wiersze
zamilcz sam jesteś błazen który się
sili odrzucając natchnienie obsesje nakazy:

„pamiętaj abyś czcił swoich zmarłych zarówno
wczorajszych jak i dzisiejszych rezygnując z pustosłowia"
pustosłowia nie ma panie i panowie w zderzeniu
z nieobsadzonym miejscem po kimś kogo ponoć zabrakło

we śnie i komu dotąd nie wyrosły spodziewane paznokcie
po paznokciach zaś poznasz ile jesteś wart siebie
i innych i na ile ten brud pod paznokciami pod językiem
jest twój że go chcesz przeszmuglować w dziedzinie

poezji

L. Smuggler

I write poems that are ever darker since it is
day and I sit down at a sheet of paper rejecting
verbosity inspiration there is no inspiration ladies
and gentlemen paper is the remains of the night

paper is the remains of many many nights
in which those who are absent write ever darker poems
be silent you yourself are a fool who
strains rejecting inspiration obsessions directives:

"remember to honor your dead both from yesterday
and from today refraining from verbosity"
there is no verbosity ladies and gentlemen in collision
with the unoccupied seat of someone allegedly missing

in a dream whose expected fingernails have not yet grown back
from fingernails in turn you know how much you're worthy of yourself
and others and how much the dirt beneath your nails your tongue
is yours that you want to smuggle into the domain

of poetry

LI. Miłosierdzie

schizofrenia to ten czarnopióry ptak
z wczoraj i ten czarnopióry ptak z dzisiaj
gnieżdżący się przede wszystkim w teraz
w tym samym co zawsze ubóstwie pierza

nikt zaprawdę nikt nas wystawionych
do wiatru nie obsypał puchem tajemnicą
i nikt nas nie zawrócił z drogi
gdy porzuciliśmy orientację jako siebie

nie potrzebowaliśmy jej na korytarzu szpitala
odkąd zapanował w nim porządek pośród
naszych bezpańskich rzeczy odkąd idealny stwórca
rozstawiał nas po kątach a kto inny kąsał

LI. Charity

schizophrenia is the black-feathered bird
of yesterday and the black-feathered bird of today
making its nest above all in the now
the same unchanging meagerness of plumage

no one truly no one scattered us with down
with mystery as we stood there abandoned
and no one turned us from our way
when we abandoned our bearings as ourselves

we did not need them in the hospital corridor
ever since order was established there among
our ownerless things ever since an ideal creator
stood us in corners while someone else bit us

from THE HISTORY OF POLISH FAMILIES

DZIEJE RODZIN POLSKICH

[2005]

LII.

to chyba dobrze iż w nocy
nie jestem głuchy na krzyki
niewiadomego pochodzenia
na krzyk mojej unickiej matki

puchnie jej język i coraz częściej
zza ściany rozlega się chrobot wiatru
do widzenia mój wietrze który cię
pomyliłem z obcym chrobotem robaczków

(obcym wstęp wzbroniony) do widzenia
moje robaczki choćby i urojone
na tę wyłącznie okazję spokojna głowa dam
wam o sobie znać kiedy wszystko ucichnie

LII.

it must be good that in the night
I am not deaf to cries
of unknown provenance
to the cry of my Uniate mother

her tongue is swelling and more and more often
from outside comes the scratching of the wind
goodbye my wind whom I mistook
for the alien scratching of insects

(no unauthorized aliens) goodbye
my insects even if you're an illusion
in this case alone there's no problem I'll
send you a message when things calm down

LIII. Bohaterstwo

udaję iż śpię jeszcze bardziej
lepki od tego co zrobili inni
podchorążowie zdradzeni właśnie przez oddech
który i mnie się udzielił kiedy goniłem

wroga bardzo wielu nieprzyjaciół
goniłem wroga bardzo wielu nieprzyjaciół
z jakimi trzeba było stanąć oko
w oko i nie stchórzyć gdy wyjdzie na jaw

odrobina ich bohaterstwa
ale ją przechwicić jednym pocałunkiem

LIII. Heroism

I pretend to sleep I'm even
stickier from what the other
cadets did when they'd just been betrayed by breath
which spread to me too as I was pursuing

the enemy of many opponents
I pursued the enemy of many opponents
with whom I should have stood
eye to eye and not been afraid when a little

of their heroism came to light
but should have intercepted it with a single kiss

LIV. Wybór

Leszek pewnie ukończyłby polonistykę
ale śmierć się w nim zagnieździła
bardzo wcześnie zapukała do akademika
szukając go w naszym pokoju

w kłębach papierosowego dymu przewracając
dwuosobowy pokój do góry nogami
i niczego nie znajdując na dnie popielniczki
bardzo wcześnie przyszła na wykład z baroku

szukając nie tam gdzie trzeba zamiast go
zdemaskować na stancji pani Mościckiej
która jednego z nas nazwała rozdziapiskiem
ale śmierć się w nim zagnieździła

kiedy wyjechawszy w przemyskie
stałem się wierszopisem pośmiewiskiem

LIV. Selection

Leszek would surely have graduated in Polish
but death took root within him
very early came knocking at the student dorm
looking for him in our room

in clouds of cigarette smoke turning
the shared room upside down
and finding nothing at the bottom of the ashtray
it came very early to the class on Baroque literature

looking where it shouldn't instead of unmasking
him at the boarding house run by Mrs. Mościcka
who called one of us a loud-mouthed kid
but death took root within him

when I left for the Przemyśl region
and became a versifier a laughingstock

LV.

od niepewności trzymaj mnie
Panie jak możesz z daleka
i od niepewności prowadź mnie
na pokoje i ucz uspokojenia

w nocy abym umiłował każdego kto
przyjdzie·z odrobiną mleka
z odrobiną mleka na dnie butelki
ale jeszcze dziś zachowaj mnie

Panie od jej dziecięcia niemowy
które jest jak zadra i rośnie
ilekroć daję z siebie tchu z obawy
że nic nie daję oprócz kropelki

LV.

from uncertainty keep me
as far away as you're able Lord
and from uncertainty lead me
inside and teach me calm

in the night so I might love whoever
will come with a little milk
a little milk in a bottle
but protect me already today

Lord from uncertainty's mute child
who is a thorn in one's side and grows
whenever I give breath out of fear
that I give nothing but a single drop

LVI. Rozgrzeszenie

poeta przed śmiercią poprosił
o słoiczek malin dobre sobie
obżartuch nie poprosił o księdza
spowiednika lecz o garść malin

które wówczas na oślep zbieraliśmy
już od wielu tygodni gnieździł się
w ciemnym lesie (w malinowym leśmianowym
chruśniaku) i głodził swoje kości

na skraju wilczego dołu w którym
wówczas przebywaliśmy i głodził swoje
wiersze odkąd go odrzucił świat
niezainteresowany twórczością własną

widzieliśmy więc że zachowywał się
jak małe dziecko jednym razem poprosił
o garść malin a drugim o książeczkę
do nabożeństwa zanim nam oczy zgasną

LVI. Absolution

before his death the poet asked
for a jar of raspberries how do you like that
the greedy hog he didn't ask for a priest
or a confessor but a handful of berries

which we had been picking haphazardly
for many weeks he'd been holed up
in a dark wood (in Leśmian's raspberry
thicket) he starved his bones

by the edge of the wolfpit that back then
we would visit he starved his poems
ever since the world rejected him
uninterested in its own creativity

and so we saw him behave
like a little child one time he asked
for a handful of berries another for
a prayer book before our eyes could grow dim

LVII.

przyjść w jednej bliźnie ciała
to otworzyć się na grzech
jaki nie chwaląc się noszę w sobie
od urodzenia podobno całkiem

ładnie i powierzchownie ukryty
byle czym osłonięty (na wypadek
ciekawskich ludzkich oczu
i rąk) osłonięty także od wiatru

nie wiem kiedy ostatni raz przystąpiłem
do spowiedzi odrzucając wszak wszystko
i wybierając poezję jako miejsce na ziemi
jako miejsce na ziemi dane od Boga

LVII.

to arrive in a single scar of the flesh
is to open oneself to the sin
that not to boast I have borne in myself
since birth it is apparently

well and superficially hidden
covered somehow or other (to keep it
from prying human eyes
and hands) covered too from the wind

I do not know when I last made
confession renouncing everything
and choosing poetry as a place on earth
a God-given place on earth

LVIII.

śpiewaliśmy wieczne odpoczywanie
i słonko raz niżej raz wyżej
śpiewało to samo wieczne odpoczywanie
i ksiądz Szczerbiński wtórował temu

co w nas co wywiedliśmy zarówno ze słów
polskich i ukraińskich z ojczystego gąszczu
szliśmy lubaczowską drogą od strony
Lisich Jam gdy ksiądz Szczerbiński powiedział

o zmarłej którą dobrze pamiętam: „nigdy jej
tutaj nie było nie było jej nawet
wczoraj w nocy gdy się rozebrała do snu
z twoją lub bez twojej pomocy”

LVIII.

we sang the hymn of eternal rest
and the little sun now lower now higher
sang the same hymn of eternal rest
and Father Szczerbiński accompanied that

which was in us derived both from Polish
and Ukrainian words from ancestral copses
we walked down the Lubaczów road coming
from Lisie Jamy when Father Szczerbiński said

of the deceased who I remember well: "she was never
here she was not here even yesterday
in the night when she undressed for bed
with your assistance or without"

LIX. Odbiorca

w sąsiednim pokoju umiera
moja matka która mimo to
zatrudnia się myśleniem o mnie
jeszcze kiedyś napiszę

na czym polega umieranie
moje i jej w ciemnym pokoju
dolnym w tym samym który
dawniej należał do Wandeczki

jeszcze kiedyś napomknę na czym
polega jej pobyt w Chicago w ciemnym
pokoju górnym skąd nam uwzględniając
nasze potrzeby wysyła dolary i paczki

LIX. Addressee

in the next-door room my mother
lies dying and nevertheless spends
her time thinking of me
one of these days I shall write

about the meaning of dying
mine and hers in the unlit room
downstairs the same one that
used to belong to little Wanda

one of these days I'll touch on the meaning
of her time in Chicago in the unlit
room upstairs from which thinking
of our needs she sends dollars and packages

LX.

ten wielki dom jest za wielki
za gościnny dla mnie i dla mojej
umierającej przyszedłem do niej
by poprawić kołdrę spod której wystaje

śmieszna mała dziewczynka
co się już nigdy nie przebudzi
śmieszne małe patyki w miejsce
rąk i nóg które na powrót wsadzam

do snu niech się nie pogubią
niech się nie pobrudzą
i niech się nie plączą w koszuli nocnej
którą jej kupiłem u Szałańskiego adieu

LX.

this large house is too large
too hospitable for me and my
dying one I've come to her to straighten
the blanket from which is protruding

a comical little girl
who'll never wake up again
comical little sticks in the place
of hands and legs which I lay back

to sleep so they won't get lost
so they won't get dirty
and won't get tangled in the nightgown
I bought her at Szałański's adieu

Eugeniusz Tkaczyszyn-Dycki was born in 1962 in southeastern Poland close to the Ukrainian border. Author of nine collections of poetry, he has won numerous literary prizes both in Poland and elsewhere, including the prestigious Kazimiera Iłłakowiczówna Prize, the Barbara Sadowska Prize, and Germany's Hubert Burda Prize. His work has previously appeared in various English-language journals as well as in the Zephyr Press anthology *Carnivorous Boy Carnivorous Bird*. *Peregrinary* is his first book-length publication in English.

Bill Johnston has translated over twenty works of poetry and prose from the Polish. His most recent translation is Tadeusz Różewicz's *new poems* (Archipelago Books 2007), which won the Found in Translation Award and was a finalist for the National Book Critics Circle Poetry Award. He teaches literary translation at Indiana University, where he is also director of the Polish Studies Center.

NEW POLISH WRITING SERIES

Salt Monody
Marzanna Kielar | *tr. Elżbieta Wójcik–Leese*
978-0-939010-86-8 / $14.95

The Forgotten Keys
Tomaz Różycki | *tr. Mira Rosenthal*
978-0939010-94-3 / $14.95

69
MLB | *tr. Frank L. Vigoda*
978-0-939010-99-8 / $16.00

ZEPHYRPRESS.ORG